SYLVANUS MULOWAYI WA KAYUMBA

LES PAROLES DE MAMAN

SYLVANUS MULOWAYI WA KAYUMBA

LES PAROLES DE MAMAN

A l'Ecole de Ma Mère

Éditions Croix du Salut

Imprint

Cover image: www.ingimage.com

Publisher:
Éditions Croix du Salut
is a trademark of
International Book Market Service Ltd., member of OmniScriptum Publishing Group
17 Meldrum Street, Beau Bassin 71504, Mauritius
Printed at: see last page
ISBN: 978-613-7-37458-0

LES PAROLES DE MAMAN

SYLVANUS MULOWAYI WA KAYUMBA

Septembre 2020

LES PAROLES DE MAMAN

INTRODUCTION

Par la tempête ou par la brise, tu es toujours ma mère. Et rien ne pourra nous séparer. Et je crois de tout mon cœur que l'on se verra dans les parvis célestes devant Celui de qui nous sommes venus et vers qui tu nous as précédés après avoir vécu plus de 80 ans sur cette terre des hommes.

Sans craie et sans frottoir, le tableau de ton cœur fut plus limpide et éclatant que celui des autres qui nous ont appris ce que nous ne pratiquons pas dans la vie. Tu m'as laissé une richesse extraordinaire que je ne saurais déballer complétement dans cette présentation narrative dans un retour dans le temps.

Oui, le temps est bien têtu et obstiné, mais il ne saura nous arracher le souvenir de beaux moments passés dans la douceur et la grandeur de ton affection pour nous tous.

Tu as fait bien de bonnes choses et ma bouche n'est pas une toilette pour parler du mal de toi, même si cela fut de fois une éventualité.

En ce jour où je pense à toi, j'aimerais tout simplement dire aux autres quelques paroles que j'ai retenues de toi. Tu ne me parlais qu'en langue maternelle quoique nous n'ayons pas vécu dans notre province d'origine.

Pour ceux qui seront curieux, ma mère s'appelait Tshilanda Mwa Munyengayi et mon père Sylvain Mulowayi Panu Bukole.

Ils sont venus du Kasaï, notre région d'origine pour la petite ville minière de Kolwezi où papa travaillait à la Gécamines dans la province du Grand Katanga.

Aujourd'hui, j'aimerais seulement vous présenter les paroles de ma mère et non celles de mon père ou celles des membres de la famille restreinte et élargie. Et le titre de cet exploit littéraire devrait être l'école de ma mère. Seulement accepter celui que vous pouvez lire sur la couverture.

De la bouche de ma mère sortait des paroles de sagesse, de consolation, d'instruction et de bon sens.

Si elle était de notre génération, elle serait une très bonne défenderesse des droits des autres.

Ces paroles seront présentées dans la suite de cet exposé comme des sujets et des thèmes de réflexion et de retour à la bonne conscience et bonnes mœurs.

L'Auteur

1

« Lukasa-lukasa, nkupia mukana »

« Dans la précipitation, on se brûle la langue. »

Comme toutes ses paroles que je vais vous présenter dans cet exploit littéraire, elles seront en Tshiluba qui est ma langue maternelle, parlée dans la province du Kasaï, au centre de la République Démocratique du Congo.

Je n'ai jamais été dans ma province d'origine, mais par l'Ecole de Maman, je la parle et je l'écris facilement.

Celui qui mange vite un repas chaud finit par se brûler la langue.

Ma mère me disait toujours de prendre les escaliers dans un immeuble inconnu car dans mon pays, le courant vient et repart quand il veut, mais mes deux pieds sont soutenus par mon estomac. C'est là, que ma mère me disait toujours de me lever trop pour bien marcher avant que les chauffeurs ne se réveillent.

A pieds, on est en sécurité car on est indépendant alors qu'en un bus de transport en commun on est lié au conducteur dont on ne connaît son état d'âme et de corps.

ETUDIER LA VEILLE DE L'EXAMEN

Je me rappelle que ma mère me réveillait toujours dans la nuit pour étudier même pour juste une heure les leçons du jour suivant car on bâtit la réussite et l'exploit chaque jour et non la veille de l'examen.

Mes amis croyaient que j'étais surdoué alors que c'était le principe de manger lentement que maman qu'inculquait à pas de tortue pour réussir dans la vie avec une vitesse uniforme et constante en dépit des forces antagonistes.

Chaque jour, on doit avancer d'un pas après avoir réfléchi deux fois. Prendre lentement le temps pour revoir sa matière avant de tourner la page.

Avec cette tactique de ma mère, j'ai évolué avec succès dans mes études et même quand j'ai commencé à travailler, elle me donner des conseils.

C'est ainsi que j'avais compris que la douceur et patience sont des armes invisibles plus puissances que le fusil.

L'or et l'argent valent bien quelque chose mais ne peuvent pas remplacer la sagesse et le discernement.

Il n'est pas bon d'y aller en courant, il suffit de se lever à temps. Le cheval court jusqu'à 40 kilomètre par heure et ne vit que 25 ans seulement au rythme de la chicotte sur le dos. Et la tortue se dépasse à moins d'un kilomètre par heure mais vit pendant un siècle.

Le jour d'examen était pour moi un jour de la démonstration des leçons de ma mère. Et très souvent, je quittais la salle avec ma petite main dans la poche, fier d'avoir fait un bon combat !

Peut-être, maman, je n'ai jamais eu le temps de te dire tout ceci car ce fut sans intérêt que tu le faisais pour moi et pour les autres.

Mon père avait un vélo, mais maman n'y montait jamais à cause de sa stature imposante et elle disait toujours qu'un jour l'un de ses enfants la transportera à bord d'une belle voiture. Et il en fut ainsi un jour !

Mais cela ne l'empêchait pas d'aller avec nous aux champs en respectant le principe de la douceur sur la précipitation.

Et au retour, avec une charge sur sa tête mais au rythme de la tortue et non celle du cheval !

Elle prenait toujours son temps pour faire tout ce qu'elle entreprenait. Elle était une force tranquille et pondérée et rien ne lui résistait.

Rarement malade, elle était là pour tout le monde. Elle était aussi une bonne conservatrice car elle savait même où se trouvaient les chaussettes de chacun de nous !

J'ai importé ce système des choses chez moi et nous avons étudié avec tous mes enfants en temps réels pour éviter les surprises désagréables le jour d'examen.

Aujourd'hui je suis fier d'avoir rabattu l'expérience de ma mère sur eux. Quoiqu'ils ne le l'ont pas vraiment connue, ses enseignements ont été pour eux une grande bénédiction.

Moi personnellement, j'ai beaucoup appris le bon sens et la sagesse de chez-nous sans y avoir été par elle et cela m'a façonné autrement.

DANS LE MARIAGE

Il y a beaucoup de couples en larmes de détresse et de menace de divorce parce que les partenaires ne se sont finalement pas donné le temps nécessaire pour se découvrir.

On ne se marie pas pour la volupté ou pour le sentiment. On se marie pour vivre ensemble tant que le souffle de vie le permettra.

Le mariage n'est pas une fête, bien une vie commune entre l'homme et la femme car de toute la création, ce sont uniquement les personnes humaines qui se respectent cette institution divine.

Ainsi faut-il prendre le temps nécessaire pour ne pas se brûler le cœur plus tard et exploiter inutilement son parrain et sa marraine.

Combien de couples sont en séparation de corps pour avoir adopté la vitesse du cheval ou du chien de chasse ?

Ils ont manqué cette sagesse fondamentale du bon choix de la vitesse pour un long voyage.

Je parle ici du mariage normale de l'homme et de la femme et non ce qui se passe aujourd'hui même dans les mœurs de ceux-là qui prétendent nous avoir apporté la civilisation.

La vraie civilisation consiste à se gêner pour ne pas gêner les autres, car nous ne serons jamais seuls sur cette planète bleue.

Chez-nous en Afrique, la belle-mère a l'habitude de fuir le beau-fils pour ne pas lui donner l'occasion d'avoir l'idée de ce que le visage de cette tendre future épouse sera dans trois décennies.

Le mariage est venu de Dieu et il faudra bien suivre les instructions y afférentes. Si l'on y va vite par avidité et par gloutonnerie, on pourra bien se brûler le cœur un jour.

Il y a eu des hommes et des femmes qui se sont même suicidés à cause des déceptions rencontrées tout le long du parcours nuptial.

Il y en aussi qui sont derrière les barreaux pour avoir frappés à mort leurs rivaux.

Ce n'est pas un combat de boxe. C'est une vie commune où le pardon, le partage et la réconciliation devrait jouer un grand rôle.

Le parrain et la marraine ont aussi leurs propres problèmes et ont aussi besoin de visitation et d'accompagnement car nous nous marions tous p Il y aura toujours de bons jours et de mauvais jours. Des moments de brise et de tempêtes se succéderont et de fois nous surprendront.

Il faudra y aller lentement par les escaliers afin de réussir en couple et en famille, pour le meilleur et pour le pire !

AUX CHAMPS

Nous allions pendant les vacances et les jours non ouvrables avec les parents aux champs pour la culture du maïs, de manioc et des légumes en général. En plus papa faisait aussi le charbon de bois.

De nous tous, papa ne parlait pas et il travaillait plus à un rythme posé et modéré comme dans mouvement rectiligne uniforme.

Mes grands frères, quoiqu'encore jeunes et forts ne pouvaient pas atteindre le volume de travail de papa. Et à la fin, il nous cédait le vélo et nous suivait avec maman.

La douceur et la patience n'ont jamais trompé. Je pense à Adam qui fut placé dans le Jardin d'Éden pour apprendre la douceur et la patience.

Notre vie sur terre n'est pas une course d'auto mais une vie avec Dieu et notre prochain, dans le strict respect des lois divines et humaines.

Celui qui court trop vite dans les jeux olympiques s'arrête 9 secondes plus tard pour la course de 100 mètres, et à 47 secondes pour celle de 400 mètres. Cependant celui qui marche peut y aller jusqu'à 30 kilomètres pour 7 heures !

La vie d'un homme est semblable à une bouteille de boisson sucré que l'on est appelé à consommer sur le dos d'un cheval ou d'une tortue.

Celui qui y va en cavalier conquérant meurt vite et celui qui suit le conseil de ma mère fera plus longtemps. Il verra les enfants de ses enfants et cela jusqu'à la quatrième génération.

Il mourra alors rempli de joie d'avoir vécu selon les principes de la Grande École de la Patience et de la Douceur.

2

« Kakaseka-seka bu, kaka ndjunda bunene »

« Longtemps dans raillerie, il est devenu un homme important un jour »

L'école de maman était pleine de sagesse et de discernement pour rapprocher le fort et le faible, l'administrateur et l'administré.

Que la raillerie et le rejet ne puissent nous décourager. Et c'est cela que maman ne cessait de me dire.

Il ne faut pas faire attention aux moqueurs, ils constituent une force antagoniste pour votre succès.

Il y a un prix à payer pour avancer ne fusse que d'un pas dans la vie de tous les jours.

Nous avons la connaissance du jour d'hier et de celui d'aujourd'hui, mais l'avenir est bien plein de surprises !

Si nous nous accrochons aveuglément au mépris des autres, nous n'irons pas loin. La route de l'échec est une descente et celle du triomphe est une montée.

Ne ressemblons pas aux singes qui se nourrissent des fruits du verger d'autrui. On ne peut récolter que là où l'on a semé et non là où l'on a été bien accueilli.

Le futur est un grand jour de la moisson pour ceux qui ont mouillé le maillot dans le strict respect des lois des hommes et de celles de Dieu!

La victoire appartient à ceux qui bouchent leurs oreilles contre tout découragement dans leur trotte vitale. Et il y aura toujours plus de décourageants que d'accompagnateurs. Et dans leur crevette de méchanceté ils refusent d'encourager les autres.

Cette pratique est souvent en Afrique où les gens prient beaucoup mais ne font pas la volonté de Dieu à la lettre et à l'esprit.

Nous avons eu ma femme et moi un fils prématuré de six mois.

Il était tout petit et tout mignon. Et aujourd'hui, c'est un grand garçon dont nous sommes fiers et qui se respecte beaucoup.

Qui pouvait voir ce jour de surprise agréable du fond de son petit berceau ?

Le courage et la détermination n'ont jamais menti. Ils constituent une semence dont le fruit est la victoire et le succès. Ne vous moquez de personne, car son futur n'a pas encore lâché le dernier mot.

Ma fille cadette me suggéra de donner mon nom à l'enfant qu'elle attendait et depuis lors, j'avais commencé à l'appeler ma petite maman !

L'espoir est une force extraordinaire qui nous accompagne au milieu des moqueurs et des décourageants !

Leur raillerie ne pourra influencer ton futur que si vous leur prêter oreille. Au contraire, leur animosité ne sera pas éternelle car le silence et le retrait de votre part arrangeront bien les choses au bout du rouleau.

Ils continueront leur sale besogne tant que vous le leur permettrait.

Prenez la bonne distance et mettez-vous au travail afin de vous exprimer par les œuvres et non par des paroles vaines et vides de sens !

Un seul jour de victoire engloutit de longues années de raillerie de la part des jaloux et des ennemis de la paix et de la justice.

Arrêtons de suivre la folie et la débilité de leur raillerie et consacrons-nous sur ce que nous savons faire en fonction du besoin dynamique de notre entourage, pour marquer notre génération par des résultats tangibles et patents !

3

« Kuseki-seki mwineba, kumanyi-manyi tshiyiya. »

« Ne te moque pas de ton prochain, car tu ne sais pas ce qui peut advenir. »

Dans le même ordre d'idée, cette pensée vient ajouter la clarté sur la précédente pour décourager les moqueurs et les décourageants !

Ici, on reprend le moqueur qui croit que sa petite quiétude est éternelle. Il se trompe carrément et une surprise désagréable est couchée devant sa porte attendant le moment opportun.

Le moqueur se croit plus malin que le cours de la vie dont il ne connaît ni les tenant ni les aboutissants. Il se plaît à mépriser les autres sans raison fondée sur la réalité de la vie et croit qu'il est le seul à occuper cette chaise !

Etre le premier à se moquer des autres ne vous place pas au-dessus de la mêlée. Au contraire il faudra bien tenir afin de ne pas se retrouver dans le ravin en face des victimes innocentes d'hier.

La raillerie et le rejet sont de vilains défauts qu'il faudra éviter dans la vie de tous les jours car rien n'est statique. Ce qui arrive aujourd'hui peut bien vous atteindre le lendemain.

Au lieu de se moquer des autres, il faudra au contraire les encourager à rassembler leurs efforts pour qu'ils puissent se relever et devenir plus forts et plus puissants.

La vie est un don de Dieu et nul n'est supérieur à personne. Nous sommes tous l'image et la ressemblance de Dieu et nous rendrons tous compte devant Dieu un jour.

Nous devons savoir gérer nos relations avec les autres car les opportunités viennent à chacun de nous d'une manière ou d'une autre et un jour celui qui fut méprisé pourra se retrouver dans une position de force et de puissance.

Cette parole nous prévient de ne point nous moquer des autres car la vie est relative.

Et seul le sens de collaboration poussée peut nous servir de bâton de relais pour achever ce que nous avons commencé individuellement ou collectivement !

Que l'échec ou la misère des autres ne soient pour nous une occasion de mépris ou de raillerie contre leur personne.

Que la famille restreinte nous aide à bien comprendre que nous ne serons jamais seuls et qu'il y aura toujours quelqu'un à aider et quelqu'un d'autre à nous aider !

Moi, par exemple, je suçais les doigts de ma main gauche jusqu'à 7 ans. De fois on se moquait de moi et maman me mettait du piment pour me décourager.

Et un peu plus tard, tout le monde avait remarqué que je comprenais facilement et que j'avais un pouvoir d'adaptation trop grand et que je ne mangeais pas beaucoup.

C'est quand j'ai grandi que j'ai appris que les enfants qui sucent les doigts au bas âge sont sevrés trop tôt et ils ont un grand pouvoir de concentration et brille facilement dans la vie.

De ce qui rabaisse est sorti ce qui élève et qui rassemble.

Où sont ceux-là qui se moquaient de moi ? Ils se recherchent encore en tournant sur leur sens de mépris et de raillerie qui ne leur rien apporter comme une vis sans fin !

On n'est jamais en sécurité dans ce système des choses car ce qui va bien aujourd'hui peut mal tourner demain.

On s'est moqué de l'Afrique à la révélation du Corona Virus et tout le monde attendait le pire alors que Dieu dans sa miséricorde avait un autre plan de protection et de pris en charge pour le continent de la négritude.

Les grandes puissances au système médical très avancé se sont retrouvées à genoux devant ce germe minuscule !

Il n'y a qu'un seul Dieu qui a créé les cieux et la terre et sur qui nous devrions compter tous comme un seul homme car la vie vient de lui et retournera aussi à lui un jour d'une manière ou d'une autre.

4

« Mfofu wangwila ngulungu mwitu. »

« L'aveugle ramassa une antilope dans les champs. »

Dans cet adage de chez-nous, maman nous avait raconté par surcroît, l'histoire réelle de nos ancêtres qui suscita ce diton.

Il y avait une femme veuve et aveugle qui avait l'habitude d'aller seule, ramasser des morceaux de bois mort comme elle connaissait bien les lieux et revenait avec son colis le soir.

Elle vivait plus avec le toucher et l'ouïe car elle reconnaissait facile les habitants juste avec la voix.

Un jour elle sortit pour sa quotidienne aventure, et ce fut un jour exceptionnel pour elle.

Après avoir ramassé du bois mort comme d'habitude, elle entendit la voix d'une maman qu'elle reconnut nettement et l'appela pour qu'elle puisse la charger.

Il y avait juste à côté du lieu où elle était une antilope morte qui avait sûrement échappé à un chasseur inconnu. Et la femme assistante lui posa la question de savoir si elle devait la charger de bois mort ou de l'antilope morte ?

Elle ne perdit pas de temps et lui dit de la charger de l'antilope calmement, sans geste contraire ni inverse à la suite des événements. Elle retourna ainsi avec l'antilope fraîchement morte en abandonnant du bois mort sur le champ dans l'espoir de venir le récupérer le jour suivant.

A son arrivée dans le village, tout le monde s'écria : « l'aveugle nous a ramené du gibier ».

Ce jour-là, ce fut elle qui vit la bête sans se servir de ses yeux car elle n'en avait plus et que quelqu'un d'autre avait vu ça pour elle.

La stabilité et l'audace ne trompent pas dans la vie de leurs détenteurs. Elles finissent bien par payer.

Cette histoire me revient à l'esprit quand je vois un jeune posséder la force et la sagesse à la fois.

Il y a de choses que Dieu met devant nous de temps en temps. Cela n'arrive pas tous les jours. Mais une fois entre nos mains, nous devrions en faire bonne gestion.

Le confinement m'a permis de découvrir certaines choses dans ma propre maison et cela m'a fait gagner du temps, surtout dans la traduction des documents.

Aujourd'hui je fais le travail de trois jours en un jour et sans confinement, je ne pouvais pas découvrir cette méthode qui me fais gagner du temps et qui rallonge mon petit repos.

Il y a de choses que l'on ne peut voir que quand on a les yeux fermés car elles sont invisibles aux yeux physiques.

Quand j'ouvre grandement les yeux, je ne saurais pas voir ce que contient mon cœur, mon passé et mon avenir. Oui, les yeux ne voient que ce qui se passe autour de moi au jour d'aujourd'hui. Ils ne peuvent pas rentrer dans le temps, ni aller en avance vers ce qui arrivera demain.

Elle avait ramassé une antilope qu'elle n'avait jamais vue mourir.

Il y a deux parties sur une feuille de papier :

- La page et
- La marge.

Pendant très longtemps, cette femme veuve et aveugle écrivait son histoire quotidienne dans la page. Mais est venu le jour où les choses ont choses et elle fut reprise sur la liste de ceux qui sont réservés dans la marge.

Le matin de ce jour-là, elle sortit comme d'habitude, mais ce n'était plus habituel. Ce fut un jour d'exception et de particularité et la rend jusqu'à ce jour célèbre, quoique déjà morte il y a bien longtemps.

Ta vie peut changer en un clin d'œil après de longs kilomètres de larmes et de déception.

Il y a des occasions exceptionnelles qui ne reviennent plus jamais sous la même forme.

Si celle qui n'avait pas d'yeux ramassa une antilope dans les champs, cela veut dire qu'il y a quelque chose qu'elle faisait bien avant. Elle avait refusé de se comporter comme une mendiante en mouillant son maillot pour se prendre en charge tout le long de sa vie.

Elle récolta dans son champ de travail. Et toi aussi, tu peux ramasser un jour une bonne surprise sur le chemin de ta trotte vitale sur cette terre des hommes car les opportunités multiples arrivent aux uns et aux autres selon le bon plaisir de Celui de qui nous venons et vers qui nous retournerons chacun en son heure.

Qu'a-t-elle fait pour ramasser cette antilope ?

Elle n'est pas restée dans la chaleur de ses draps. Elle sortait tous les jours de grand matin pour ramasser du bois mort qu'elle vendait aux femmes qui avaient les deux yeux et les deux mains pour poser leurs problèmes à leur mari chaque fois que cela le nécessitait !

Dans la vie, il n'est pas indiqué de négliger ou de mépriser ceux qui sont aujourd'hui dans la vallée de la disette, et du dénuement. Nous venons tous nus dans la vie et nous en repartons sans souliers car rien de monde ne peut traverser le dernier rectangle de la vie.

La bonne nouvelle n'est pas à garder secrète. Il faudra la faire circuler pour vulgariser la sagesse et la prudence.

Même au niveau mondial, ceux qui étaient faibles sont devenus les plus puissants et ils apportent ainsi la solution aux forts et puissants d'hier.

Ils ont digéraient calmement et pacifiquement leur herbe amère et un jour leur histoire a changé quand ils se sont saisis de leur opportunité pour enfin écrire leur vie dans la marge.

Et aujourd'hui les voilà sur l'estrade de la grandeur et de l'exploit.

En nous, se trouvent cachées des potentialités non encore utilisées car nous tâtonnons de jour comme de nuit.

Pour cela, la plus grande mine d'or se trouve en chacun de nous et il est regrettable de voir les gens pleurer devant ceux qui ont découvert leurs talents et qui les ont utilisés valablement !

5

« Nkutwa, kutshilangana minshi. »

« Pour bien piler, il faut le faire alternativement. »

Quand deux femmes pilent dans un même mortier, et que l'une descend, il faudra que l'autre fasse monter son pilon et ainsi de suite pour qu'il y ait harmonie et que les deux pilons ne se cognent pas.

Devant la porte de la toilette ou de la salle de bain, soyons patients et que chacun attende son tour. Car il y a des endroits où l'on ne peut pas entrer à deux !

Ce sont des lieux d'intimité et d'individualité.

Quand on arrive chez le coiffeur, et qu'il est occupé ; on doit attendre son tour. Sinon, on aura des problèmes avec les autres clients.

Nous mangions chez-nous à une même table avec papa et tous les garçons, mais aujourd'hui, chacun devait attendre son tour et éviter de lui-même de ne pas indisposer quelqu'un d'autre.

Nous sommes nés dans le confinement en Afrique. Et on n'est jamais seul. Mais, nous n'avons pas de conflits chez-nous car nous respectons la loi du mortier aux deux pilons !

Même dans une conversation. On doit apprendre à écouter avant de se faire écouter.

Si aujourd'hui ma plume a atteint ce niveau dans la narration du social, du divin et de l'imaginaire ; c'est pour avoir lu les autres !

Les deux pilons ne doivent pas monter ensemble et descendre ensemble. On risque de fendre le mortier inutilement.

Dans un couple, quand l'homme monte, que la femme descende un peu et ainsi de suite.

Cela permettra au foyer de tenir plus longtemps!

Quand l'un élève le ton, que l'autre garde sagement silence car de fois, le calme vaut mieux que l'agitation et nervosité.

La décision finale doit se conclure sur une position nette de stabilité et non celle de confusion.

Soit on va au couvent pour devenir une religieuse consacrée, soit on s'engage pour le mariage les deux à la fois !

L'agitation et le bruit feront fuir la libellule et le jeu perdra ses enjeux !

La chasse en général ne supporte pas le bruit. Nous devons alors savoir comment accepter les autres car nous ne sommes pas les mêmes dans nos talents et nos potentialités !

Ce qui me manque se retrouve chez les autres et ainsi de suite.

Nous avons tous des droits et des devoirs et chacun doit faire sa part. Même un simple petit moustique, nous le tuons avec les deux mains !

On ne peut tout faire seul. On aura finalement besoin des autres car nous sommes individuellement limités.

En nous inspirant des ustensiles de la cuisine, nous verrons que la cuillère fait ce que la fourchette ne peut pas faire et le couteau ne s'amuse pas avec la viande.

Le couvercle est un grand catalyseur qui active la cuisson des aliments et que l'on enlève chaque fois que les aliments en ébullition débordent.

Et après, il sert encore à protéger le contenu contre les insectes et les souris.

La porte a un rôle bien défini qu'elle remplit dans la maison alors que la barrière se trouve à l'entrée de toute la parcelle. La fenêtre s'ouvre quand il fait chaud.

La ceinture joue son rôle qui est différent de celui des souliers et des chaussettes !

Il en est aussi dans la vie en famille, en société et dans les lieux inconnus.

Il y a toujours des principes et des règles à respecter pour obtenir l'harmonie escomptée.

6

« Umanya kwakwela dinu ni kwa kwela dikala. »

« Il faudra savoir où jeter la dent et où jeter le morceau de charbon. »

C'est la loi de l'identification ou celle de l'état des lieux. Elle consiste à savoir que faire et que ne pas faire.

Chez-nous, dans la province du Kasaï, au centre de la République Démocratique du Congo, il y a une tradition qui fait que les petits enfants quand ils commencent à perdre les dents une après l'autre ; viennent avec ladite dent en main vers la mère et lui demandent où la jeter.

Et la mère ajoute en disant qu'il faut prendre un morceau de charbon pour le jeter dans le sens contraire afin que la dent perdue repousse vite.

Mais aussi, je m'en souviens de fois cela dépendait du côté où maman était assise. Et je jetais la dent au Nord pour jeter le morceau de charbon au Sud.

De fois je jetais la dent perdue à l'Est et le morceau de charbon à l'Ouest. Et jamais les deux du même côté.

Pourquoi seulement un morceau de charbon ?

Chez-nous quand nous étions jeunes, maman nous obligeait à rincer nos dents chaque matin avec un morceau de charbon.

Et quand je lui demandais pourquoi, elle me répondait que c'est comme ça. Sa mère lui demandait de le faire aussi ainsi.

La civilisation nous a arraché la blancheur des dents que nous ne savons plus retrouver de nos jours avec tous ces produits modernes qui remplissent les alimentations !

Cependant, la même civilisation n'a pas pu nous faire oublier cette parole de sagesse et de prudence pour aller plus loin.

En toute chose, nous devons entreprendre, d'emblée il faut avoir l'état de lieu, l'identification avant de remplir notre cahier de charge qui aura trois colonnes :

- Les données,
- Les demandées et
- La solution.

Les données nous présentent ce que nous avons en mains.

Les demandées représentent ce que nous avons à faire et la solution contient la formule, le mode opératoire que nous allons utiliser pour arriver au résultat final.

Il y a de choses que l'on fait seul et ceux que l'on fait avec les autres.

Il y a des choses que l'on ne réalise que dans la nuit.

Il y a deux choses qui nous attendent au bout du rouleau dans ce que nous faisons :

- Le succès et
- L'échec.

Et personne ne peut entreprendre quelque chose pour aboutir dans l'échec. Car Dieu lui-même nous créa dans la loi de l'addition, de la multiplication et de la domination.

Nous devons savoir à tout moment :

- Où jeter la dent (le succès) et
- Où jeter le charbon (l'échec).

Cette notion fera que nous puissions réussir dans tout ce que nous entreprendrons dans notre vie.

Bien conserver ce qui concourt à notre succès et écarter de loin tout ce qui nous conduit à l'échec.

Quand on veut construire une maison, il est bon de voir un architecte avisé que de se confier seulement au maçon.

Le crayon de l'architecte a une gomme qui manque à la truelle du maçon.

Ne pas seulement se limiter au niveau de l'architecte, mais pousser plus loin et contacter l'urbaniste pour être bien enrichi des informations relatives au terrain et au quartier envisagé de peur de se retrouver un jour de grande pluie avec le sac de farine sur la tête toute la nuit d'inondation.

Il y a de choses qu'il ne faut plus faire, même quand l'on en a vraiment envie car chaque jour qui passe est un nouveau pas vers la sagesse et la prudence !

Il faut savoir ce qu'il faut conserver et ce qu'il faudra jeter dans la poubelle.

Quand l'on veut s'acheter une voiture, il faudra savoir quoi en faire et comment la rendre utile à toute la famille.

Il y a des choses que l'on fait dans la précipitation et qui nous brûlent le cœur plus tard et raccourcissent nous jours sur cette terre des hommes.

Même si nous avons déjà fait notre vie, mais nos enfants et nos petits-enfants ont encore besoin de nous. Nous n'avons pas droit au suicide et devrions continuer à nous protéger jusqu'en face de notre dernier rectangle.

Pourquoi se marie-t-on ?

Bonne question…

On ne se marie pas pour le sentiment ou pour la volupté tout simplement !

On se marie pour le meilleur et pour le pire, pour la dent et pour le morceau de charbon, sans lequel, elle perdra sa blancheur !

Les jours de la dent blanche et ceux du morceau de charbon noir sont tous aux deux conjoints tout en y ajoutant au fur et à mesure les enfants.

La capacité des conjoints est cachée dans l'aptitude à résister au jour du pire !

Il n'y a finalement pas de blancheur de la dent sans le morceau de charbon noir !

On ne se marie pas pour divorcer le surlendemain.

Loin de là !

On s'engage dans le mariage pour toute la vie et seule la mort peut séparer les deux conjoints !

Tout ce que l'on entreprend dans la vie, a sa dent blanche et son morceau de charbon noir. Il faudra dès lors savoir où jeter la dent et où jeter le morceau de charbon noir !

7

« Kwa benda nkulu kwa mutshi. »

« Ailleurs, c'est comme être accroché dans les branches d'un arbre. »

Nous congolais originaires de la province du Kasaï, au centre de la République du Congo, nous trouvons bien le plaisir de vivre ailleurs.

De fois, la rose de cette pratique nous sort ses épines comme ce fut le cas en 1993 dans le Grand Katanga. Nous avions été refoulés tout simplement parce que nous étions de la province du Kasaï.

Et sur le chemin du rejet, ma mère me dit qu'ailleurs, c'est comme être accroché dans les branches d'un arbre et qu'il fallait bien tenir le coup.

C'était horrible. Nombreux parmi nous sont morts sur le chemin. Et dans la grâce de Dieu, nous avions choisi où jeter la dent et où jeter le morceau de charbon noir !

Il fallait bien tenir le coût. Et ce n'était pas facile. Papa avait laissé sa maison propre et nous sommes partis ainsi.

Le singe maîtrise bien les arbres mais il n'en est pas le jardinier.

Quand on est ailleurs, il faudra respecter leurs mœurs avec sagesse et prudence et éviter de se créer des différends inutiles car ce qui nous arriva peut arriver aux autres.

Combien de fois nous congolais furent refoulés de la Zambie et de l'Angola. C'est une chose risquante de vivre pour un temps chez les autres, mais il faudra être sage et avisé.

Il faudra toujours être en ordre avec ses documents et son visa de séjour et signaler à l'autorité de tutelle toute interférence car il n'est une bonne chose de tomber de l'arbre où l'on est accroché !

Même pour répondre à une invitation, il faudra avoir la sienne en main de peur d'avoir des problèmes inutiles à l'entrée de ladite manifestation.

Les jours de paix sont le partage de tous, mais quand vient le règlement des comptes, les choses prennent une allure que l'on ne sait plus contrôler.

Le meilleur visa de séjour est la sagesse mêlée à la prudence !

8

« Kalololu katu kalela dikenga. »

« La grande bonté accouche le malheur. »

La bonté et la générosité ne sont pas une faiblesse, mais au contraire elles expriment la force, la puissance et la grandeur car la main qui donne est toujours au-dessus de celle qui reçoit.

On salue le donateur et on fuit le mendiant.

L'indigent ne reçoit pas d'appel, mais c'est qui qui appelle ceux qui peuvent lui venir en aide.

Le sponsor a son appareil téléphonique sous vibreur et décroche qui il veut, quand il veut et comme il veut.

Dans la typologie, le financier est comme le soleil et le mendiant comme la lune !

Cependant quand l'on est trop bon avec les autres, ils peuvent vous exploiter facilement avec des sacs des problèmes et arriver même à vous mettre à genoux.

Ils sont capables à aller plus loin en vous trompant sur des cas de maladie et de décès, juste pour soutirer de vous quelque chose.

Quand il y a deuil, c'est le donateur que tout le monde appelle avec insistance. Et cela ne dépend pas de sa proximité.

On va l'attendre même si il est sous d'autres cieux.

Quand il s'agit d'un cas de maladie ou de mariage ainsi que celui des études, il est toujours associé. Et on lui donne facilement de nom parmi les nouveaux nés.

Ses fautes et ses défauts sont rejetés en bloc contre la grandeur et la disponibilité de sa poche. Il résout les problèmes dont il n'est pas auteur.

Il est finalement le garçon de course de tous et de fois on lui donne de sobriquets flatteurs et courtisans.

Rarement, on peut lui venir en aide car pour les autres, il est un grand verger aux fruits comestibles et inépuisables !

Au lieu de continuer à résoudre les problèmes des autres toute sa vie, il faut bien leur apprendre les préceptes de la réussite.

On ne peut donner ce que l'on n'a pas produit. Cela devient un transfert et non un don !

Il y a des gens qui dorment plus de dix heures par jour et une fois après s'être réveillés, ils réclament à manger. Abraham à 75 ans était encore dans la maison de son père avec sa femme Sarah !

Et il a fallu que Dieu quitte le ciel pour venir lui apprendre à compter sur sa foi et sur la sueur de son front !

Abel avait bien assimilé la notion du travail bien fait et supplanta son frère aîné devant l'autel des holocaustes !

Un homme bon et intelligent dans le quartier résout les devoirs de tous les enfants à leur place et à celle de leurs parents qui ne sont pas à la hauteur de la requête du jour.

Au travail, celui qui remplit bien sa tâche, par sa gentillesse est obligé de reprendre, pour le même salaire celui des autres pour le parfaire.

Toi aussi, ta main peut être au-dessus de celles des autres dans ce que tu sais bien faire. Alors arrête d'être un simple spectateur. Fais attention à tes potentialités et les autres viendront vers toi.

Seulement prends du temps pour leur apprendre ce que tu es en train de faire.

Un conjoint bon et fidèle est souvent mal récompensé par l'autre partenaire qui croit bien connaître les choses.

La gentillesse n'est pas une faiblesse et la bonté de Dieu n'est pas éternelle car il a fixé un jour où il jugera les vivants et les morts !

Ce temps de grâce est un moment qu'il nous donne pour nous permettre de racheter le temps car les jours à venir seront horribles et insupportables.

Que la main qui donne et celle qui reçoit soient toutes deux conséquentes.

9

« Bakututa Ntunvi Tweba, Katwena Tukwenza Nsudi to. »

« Si l'on jette sur toi tes propres excréments, tu n'auras pas de la galle. »

Le mari d'une femme stérile est appelé à la supporter tout au long de leur vie conjugale en dépit de tout ce que les autres pensent ou disent d'eux.

C'est lui qui a choisi cette femme sans savoir si elle était stérile ou pas.

Et quand vient le pire, cet homme a accepté de vivre avec son mal tout en espérant des jours meilleurs dans le future, par la médecine ou des certaines lois spirituelles par la prière et la foi en Dieu.

Quand les parents ont des problèmes avec les enfants, la solution se trouve au sein de la famille. Nous devons nous accepter et nous supporter les uns et les autres.

Il est une chose terrible et horrible de retourner le mal contre le mal dans la famille restreinte et élargie.

Et cet esprit de tolérance, de pardon et de réconciliation devra s'élargir jusqu'au niveau de la nation et même au niveau du monde entier.

Nous ne devrions pas nous tuer pour rien alors que nous pouvons nous regarder les yeux dans les yeux et nous soutenir mutuellement car nous sommes tous les enfants d'Adam et Eve !

Quel que soit le différend qui nous ronge, il est encore nécessaire de souligner que la guerre ne profite à personne. Sans pardon, il est impossible d'aimer son prochain comme soi-même.

L'amour ne consiste pas dans les belles paroles, ce devra être au contraire une question d'action et de réaction. Et à ce niveau, quoique venus tous de Dieu, nous n'avons pas la même allure dans l'action et dans la réaction.

Oui, c'est facile de contrôler ses actions et un peu difficile d'avoir la main mise sur la réaction.

Cette étape des choses est liée aussi à la bonne gestion de l'émotion.

C'est vraiment là que le problème de l'harmonie dans la cohabitation avec les autres devient difficile à maîtriser.

Nous sommes dans la même famille, dans le même quartier, une même société et sur la même planète avec un même Créateur de qui nous sommes sortis et vers lequel nous retournerons un jour, chacun en son temps.

Nous sommes appelés à vivre ensemble d'une manière ou d'une autre et nous n'avons aucune raison de nous combattre.

Allons vers la fourmi apprendre la véritable vie en société sans division et sans discrimination. Il faudra toujours vider toutes les pistes de solution avant de conclure. Se mettre à la place des autres et vider le sac de la négociation.

Nous sommes tous enfants de Dieu et nous devrions nous tenir la main dans la main pour le mieux.

Demander est plus facile que donner.

Donner est plus aisé que pardonner.

Pardonner est plus commode qu'oublier.

Il faudra avoir atteint le niveau de la charité pour pardonner et oublier le mal des autres dans votre vie.

Il y a des personnes qui ne vous renverrons pas l'ascenseur malgré tout le bien que vous leur feriez dans ce système des choses.

Mais votre récompense sera grande dans le système à venir.

Que de fois le silence remplace des vaines paroles de division et de ségrégation entre nous. Nous n'avons qu'une seule grande famille, c'est la race humaine au sein de laquelle du sang rouge coule dans nos veines en dépit de la distance qui nous sépare !

Les cosmonautes ont parcouru l'espace sans trouver une autre vie humaine semblable à la nôtre.

J'admire leur courage et leur témérité, mais l'heure est venue où nous devrions comprendre que la vie sur terre est une merveille qui nous ramène à nous attacher davantage notre Dieu et notre Créateur.

Nous n'avons dans cette chair que cette planète bleue pour domaine de définition de la vie dans ce système des choses et nous ne saurions pas aller ailleurs avant notre retour par la mort ou par l'enlèvement vers les parvis célestes.

Nous sommes tous seuls en cette race humaine et les anges ne peuvent pas nous compléter ou nous remplacer car ils vivent dans un autre système de choses où l'on :

- Ne se marie pas,
- Ne se lave pas,
- Ne mange pas ;
- Ne bois pas and
- Ne se repent point !

En tant qu'humains, nous devrions nous supporter, nous accepter et nous soutenir les uns, les autres car nous sommes tous seuls dans tout l'univers jusqu'à preuve du contraire !

Nous venons de Dieu et nous retournerons vers lui. Et aucune autre créature, aucune autre doctrine ne pourra troquer cette vérité divine qui nous exige d'etre en paix avec notre Dieu et avec notre prochain.

La science en dépit de son évolution ne nous a rien apporté qui puisse réformer la foi, l'espérance et l'amour.

Il faudra que la chenille se transforme en papillon en passant par une sorte de mort et de résurrection comme cela se fera pour les uns parmi nous et les autres pourront avoir la grâce divine de participer à l'enlèvement de l'église du Seigneur.

Notre fierté est celle d'avoir été créés à l'image et à la ressemblance de Dieu. Et notre demeure éternelle c'est le ciel !

10

« Wamania, lufu ntulu. »

« Sache-le, la mort est un sommeil. »

La mort est pareille au sommeil. Elle nous surprend autant que le sommeil. Et de fois, l'on se couche dans un beau lit sans sommeil et sans quiétude alors que les enfants de la rue abandonnés à leur triste sort dorment profondément pour un jour suivant qui pourrait être meilleur.

Maman nous demandait toujours de prier avant d'aller au lit car n'importe quand, la mort est un rôdeur infatigable dans la vie de tous les hommes.

C'est une marque de sagesse et de prudence de faire sa petite prière avant d'aller au lit. Nous savons tous quand nous entrons dans notre chambre à coucher, mais certains y sont entrés pour du bon.

Sans la communion permanente avec notre Dieu et notre Père Céleste, la vie sur terre ne devient qu'une trotte sans but et sans finalité.

C'est bien cela qui nous différencie des animaux et des choses. Nous avons une conscience. Nous avons le pouvoir de choisir notre bonheur et notre malheur. Et juste une peu de distraction, nous pouvons nous retrouver dans le fond du ravin sans savoir comme redevenir une chenille.

La mort nous sépare de ce monde à trois dimensions :

- L'abscisse,
- L'ordonnée et
- L'éloignement.

Nous avons trois dimensions du temps dans cette vie dans la chair :

- L'espace,
- La vitesse et
- Le temps.

Nous pouvons habiter dans un même quartier et travailler dans un même bureau et y arrivant à des heures différentes à cause de la vitesse et des embouteillages.

Dans les grandes villes, les heures de pointe diminuent la vitesse et augmente le temps de parcours pour une même distance.

Et dans la vie des hommes, la durée de vie sur cette planète est totalement relative.

Adam vécut plus de 900 ans, Abraham 175 ans, Isaac 180 ans, ma mère 82 ans et mon père 79 ans.

D'où venons-nous et où allons-nous ?

Bonne question...

Nous venons de Dieu et nous rentrons vers Lui en passant par les temps et les circonstances différentes et particulières.

Les uns font une course de fonds comme celle de 100 mètres et de 200 mètres plats d'athlétisme.

D'autres font celle de 1500 mètres et d'autres font aux pas de marcheur celle de 30 kilomètres, par exemple.

Mais au bout du rouleau, la mort a le dernier mot dans ce système des choses avant que nous soyons finalement à la disposition de notre Père Céleste.

Le moustique a beaucoup de succès dans nos pays où les organismes de santé nous distribuent les moustiquaires au lieu de nous aider à assainir les lieux et ne vivent pas plus de deux mois !

Le sommeil surprend l'un et laisse encore l'autre en train de monologuer dans un même lit. Et de fois ceux qui dorment tard, se réveillent plus tôt.

La condition humaine nous a finalement montré nos limites car nous vivons, juste une seule fois dans cette caisse de chair et ensuite, nous déposons notre souffle devant Celui de qui nous sommes venus.

Triste réalité que nous devrions exploiter autrement pour ne manquer le train de la vie éternelle.

Nous ne savons pas quand nous dormons et nous ne savons pas non plus quand nous mourrons.

C'est à cause de cela que ma mère me demandait toujours de faire ma petite prière avant d'aller au lit. Les sentinelles et les gardes du corps dorment aussi et sans remise-reprise !

Celui qui a 60 ans a dormi pendant 20 ans car le sommeil prend le tiers de chaque jour de notre vie, lentement et sûrement.

Le riche et le pauvre, le fort et le faible se retrouvent dans les toiles d'araignée du sommeil et de la mort d'une manière ou d'une autre et sans distinction.

Dormir tôt ou tard, mourir jeune ou vieux, on dort et on meurt après tout.

11

« Sela babidji, ufwa lukasa. »

« Deviens bigame pour mourir avant. »

Le bigame normalement meurt avant le monogame et le polygame avant les deux.

Qu’est-ce qui écourte la vie de l’homme dans ce système des choses alors que souvent dans nos villages c’est la femme qui est la machine à tout faire ?

C’est la charge de responsabilité, le stress et la prise des décisions finales.

C’est rare de voir des hommes polygames enterrer toutes leurs femmes.

L’homme naît d’une femme et enterré un jour par une autre femme.

Même Salomon, dans toute sa gloire n’a pas pu faire l’exception à cette règle tirée de la bouche de ma mère pour moi.

Plus l'on augmente la charge dans un véhicule, plus on devra réduire la vitesse. Sinon, les choses ne tourneront pas pour le mieux !

En physique, la puissance est égale à la force multipliée par la vitesse.

Il va sans le dire que plus la force augmente, plus l'on doit diminuer la vitesse.

La charge du polygame diminue la durée de sa vie comparativement au monogame et celle du polygame le réduit au dernier rectangle avant les deux susmentionnés.

Evitons d'entreprendre plusieurs choses à la fois car la charge excessive nous épuise et nous détruit lentement mais sûrement.

Tout excès est incommode à la vie humaine. Même après avoir consommé beaucoup d'eau, on se sent mal à l'aise alors que ce n'est pas un breuvage mortel.

Soyons modérés dans tout ce que nous faisons sous le soleil car il y a un temps pour travailler et un autre temps pour se reposer de sa peine et de sa fatigue avant de reprendre le cycle de la vie.

Tout bouge et tout est dynamique. Alors ne nous arrêtons pas carrément, au contraire réduisons juste notre vitesse car la montée est plus exigeante que la descente.

Le conflit entre deux femmes dans un même foyer vient aussi ajouter une charge supplémentaire dans le cœur du mari unique qui ne sait pas se partager finalement en deux !

Dans les 7 jours de la semaine, la première dame aura de justesse 3 jours et la seconde 3 jours aussi.

Et l'unique jour restant est dédié à Dieu qui a créé les cieux et la terre.

Et dans le cas du polygame à 4 femmes par exemple, les choses deviennent encore davantage compliquées.

Il est obligé de faire son horaire de volupté sur le mois en divisant 30 jours par 4 pour avoir 7 jours pour chacune d'entre elles.

Salomon avait 700 femmes et 300 concubines et il lui fallait 1000 jours pour faire la ronde d'amour dans les chambres de celles qu'il portait dans son cœur.

1000 jours représentent 3 ans et 6 mois en respectant le Sabbat.

Dans un règne de 40 ans, il passa 13 nuits d'amour avec chacune d'elles.

A part les biens, ce fut des femmes solitaires et tristes dans leurs draps parfumés.

Même une brouette trop chargée devient difficile à conduire !

12

« Babela-bela mwana wa muntu, wa mufwa, teleja biebe. »

« L'orphelin peut aussi venir écouter les conseils donnés aux enfants des vivants. »

Nous n'apprendrons pas toutes les bonnes choses de la vie de nos parents !

La famille, la société et même la nation ont des limites en ce qu'elles nous enseignent.

Nous avons besoin d'aller à l'école et à l'église aussi.

A la radio, à la télévision et dans les réseaux sociaux, nous apprenons d'une manière ou d'une autre quelque chose qui nous élève le linteau.

Même la nature est une école de la vie pleine de sagesse et de profondeur.

Chaque jour, nous sommes à la fois un professeur et un élève d'une manière ou d'une autre.

Un célibataire n'a pas beaucoup de conseils à donner aux mariés, mais en mangeant à sa table, on pourra comprendre les difficultés du service de protocole qu'il essaie de couvrir par un sourire politicien

Ne faisons pas attention à la stature du professeur en face de nous, écoutons attentivement, pour nous faire écouter aussi un jour par les autres.

La mort des parents n'est pas la fin du monde. Au contraire, c'est un moment de méditation et de projection dans le temps. C'est en ce moment précis que l'on comprend que ceux sur qui nous comptons sont aussi mortels et ne peuvent pas arrêter le temps qui se moque de tout le monde !

Perdre les parents, c'est étendre sa case et avancer dans les parvis de la sagesse et du discernement car on doit dorénavant se prendre en charge pour continuer sa trotte vitale.

L'estomac ne saura pas que l'on est endeuillé et continuera à réclamer son plat préféré.

Le vent continuera à souffler et la pluie ne cessera pas non plus à tomber du ciel car ce qui nous arrive aujourd'hui est arrivé aux autres avant et à d'autres encore, ce sera dans le temps à venir.

Nous avons très peu de conseillers à la hauteur de nos besoins et de nos projets.

Nous avons construit de belles maisons comme des orphelins non loin des cours d'eau en Afrique et voilà ce qui nous reste après les grandes pluies torrentielles !

Tout est renversé et nous crions au secours car nous avions en ce temps-là négligé les conseils de l'urbaniste.

Celui qui ne renseigne pas se trompera un jour.

Ecoutons deux fois avant de parler une seule fois.

Dans la vie, l'on retrouvera toujours un plus avisé que soi dans un domaine ou dans un autre.

Celui qui suit les bons conseils ne se perd pas car la raison et le bon sens sont un trésor le fond de son sac.

Avant de se marier, prenez le temps de bien regarder votre belle-mère pour l'époux et votre beau-père pour l'épouse.

30 ans plus tard, vous me donnerez raison !

Les conseils de la vie sont gratuits et ouverts à tous.

Il suffit de rapprocher son tabouret et de bien nettoyer l'intérieur des pavillons pour écouter la sagesse et la prévoyance.

Que les échecs des autres nous aident à parfaire ce que nous sommes en train de projeter d'entreprendre.

Ecouter la Parole de Dieu est une arme pour quiconque veut aller plus loin dans ce qu'il entreprend sous le soleil.

Rejeter la Bonne Nouvelle de notre Seigneur et Sauveur Jésus, c'est rejeter Dieu lui-même, sans le savoir.

Une bonne parole donne la paix et la concorde alors que les paroles déplacées nous découragent et nous attristent inutilement.

Il ne suffit pas seulement de donner de bons conseils aux autres, mais il faudra aussi les pratiquer car le monde visible et invisible fut créé par la Parole de Dieu. Ecouter, vaut mieux que parler dans la précipitation sans avoir réfléchi.

Ne peut bien parler que celui qui a bien écouter et évitons d'exécuter des ordres mal données.

Les oreilles se trouvent plus loin du visage par rapport à la bouche, recoulons pour bien entendre afin de mieux agir dans la vie.

Un enfant qui a bien écouté les conseils de son père ou de celui des autres ira plus loin alors que celui qui rejette les conseils des vieux se perdra sur le chemin de la vie.

Il y a toujours un tabouret vide autour du feu dans la nuit du savoir pour ceux qui ont perdu leurs parents pour entendre la sagesse de ceux qui n'ont plus de dents en ce pèlerinage sur cette terre des hommes.

Le matin nous brossons les dents pour parler avec éloquence toute la journée et juste un peu de gens avisés nettoient avec soin leurs oreilles pour écouter les bons conseils afin d'aller plus dans ce qu'ils entreprennent.

Le fils est à l'école de son père et la jeune fille à celle de sa mère.

Imitons les bonnes choses de ceux qui ont réussi dans le respect strict des lois des hommes et de Dieu.

Les conseils des autres sont comme un cours de code de route pour quiconque veut aller plus loin dans cette trotte vitale sur cette terre des hommes.

Et quel souvenir emporterons-nous de toute la peine que nous avons connue sous le soleil ?

Celui qui voyage dans un pays étranger et inconnu devra bien se renseigner auprès des autres qui connaissent son lieu de destination.

Aujourd'hui avec la technologie moderne, nous pouvons nous servir de notre téléphone pour consulter une carte géographique afin de bien voir notre destination.

Les nuages annoncent la pluie et la maladie nous interpelle alors que nous exposent les fêtes et les solennités inutilement.

La volupté n'est pas l'amour et l'appétit ne remplace pas le plat du jour.

La bonne odeur du parfum ne reflète pas les dispositions cachées de notre cœur.

On peut sourire avec la bouche alors que la haine et la rancune remplit encore le cœur.

Dire et faire sont tous deux verbes du troisième groupe en français et ne sont pas faciles à conjuguer.

La théorie soutient la pratique et celui qui apprend les choses à l'école du soir n'en a souvent pas besoin ; car pour lui, c'est du temps perdu.

Il choisit l'hypoténuse et rejette les deux autres côtés du triangle rectangle pour se frayer son chemin dans le roc.

Un mentor est un tuteur et un formateur de choix qui nous montre le chemin de la vie. Mais ceux qui initient les jeunes au sexe et à la drogue doivent bien changer de profession car le temps est têtu, il passe et continue sa route avec ceux qui comprennent très bien la chose.

Que celui qui a des oreilles écoutent ce que les sages nous racontent le soir autour du feu dans nos villages loin de grands centres urbains.

CONCLUSION

Les paroles d'une mère nous influencent depuis le sein maternel. Ma fille cadette Lumière Mwangaza qui est grosse en ce moment où je cherche à remettre le capuchon à mon stylographe m'a dit dernièrement que chaque fois qu'elle rigole, l'enfant en elle bouge d'allégresse sans mouvement brusque.

Alors que se passe-t-il quand un mari véreux frappe une femme enceinte ou quand on transfère une future mère dans un lieu de détention ?

A vous de me le dire !

Dans le complot contre Jésus, il n'y avait pas de femmes incluses dans ce venin de triste mémoire.

La femme avec des paroles douces récupèrent la situation pour un nouveau kilomètre plein d'espoir et de réconciliation.

Nos mamans ne nous ont pas appris à faire du mal.

Bien au contraire, c'est en dehors de la maison que les enfants rencontrent le mal et la tentation.

Et ils amènent la mauvaise semence dans le jardin familial et détruisent ainsi ce qui y fut bien sarclé et arrosé.

Aucune mère dans le monde, même celle qui a perdu le bon sens ne pourra détruire le fruit de ses entrailles.

Malheureusement, il y a eu des femmes qui ont fait de mauvaises annotations au pied de la page en avortant ou en cherchant à se débarrasser de nouveau-nés.

Un jeune qui venait à mon bureau et restait avec moi pendant de longues heures et me parlait de temps en temps de sa petite vie d'antan.

Et un jour il me parla de sa petite mère en me disant qu'elle avait l'habitude de pleurer chaque fois qu'il lui donnait un petit cadeau.

Et un jour, il rassembla toutes ses forces pour lui poser la question de savoir pourquoi elle répondait par les larmes à ses multiples cadeaux.

C'est alors qu'elle lui raconta ce qui se passa après sa naissance.

Au fait, sa mère était encore mineure et il fut un enfant indésirable pour elle.

Sous le conseil de sa copine avec laquelle elle vivait ensemble, elle fut convaincue d'aller le jeter dans un drain qui terminait sa course dans la rivière un jour de pluie en le plaçant dans une petite corbeille pour mieux refaire sa vie comme avant.

Après l'avoir posé dans le drain, elle se mit à retourner avec sa copine et sur une toute petite distance, la raison la saisit et elle rentra en courant vers le lieu où elle avait laissé la corbeille qui était déjà descendue entraînée par les eaux de la pluie. Elle se mit à courir pour aller finalement le retrouver coincé entre deux pierres dans la corbeille renversée.

Elle le sortit de la corbeille en pleurant et l'enveloppa dans son pagne et alla retrouver sa copine qui n'avait pas approuvé le geste mais qui n'avait plus de choix.

Aujourd'hui ce bébé rescapé est un jeune homme capable de payer un pagne à cette femme !

Et les larmes de ses yeux ne cessent de couler chaque fois qu'un nouveau cadeau lui est apporté par celui qu'elle ne voulait pas laisser vivre !

Rachetons le temps et ayons une pensée pieuse envers nos parents en général et d'une manière particulière envers nos mamans dont les paroles furent pour nous une première école de la vie !

L'Auteur.

L'AUTEUR

Sylvanus MULOWAYI, né le 02/10/1963 dans la petite ville minière de Kolwezi en province du Grand Katanga. Détenteur d'un diplôme supérieur en hydraulique et d'un autre en théologie, il a consacré plus de la moitié de sa vie à partager la parole de Dieu avec les pauvres, les malades et les prisonniers.

Ancien Acteur et Dramaturge du théâtre monologue, il a finalement opté pour la plume afin d'atteindre les extrémités de la terre en décrivant le social, le divin et l'imaginaire en ce siècle de grande vitesse et de haute technologie.

Co-fondateur du Culte Anglophone dans la Ville de Lubumbashi dans la province du Grand Katanga en 1995 et Co-fondateur des Ministères du Réseau Global pour la Nouvelle Alliance, en sigle MIREGNA dans les années 2001 à Kinshasa. Il est aussi Traducteur Assermenté et Formateur Professionnel.

Sa vision est celle de rassembler dans un même lit sous une même couverture la tempête et la brise pour un monde meilleur où chacun se retrouvera du sommet à la base, par sa plume jusqu'à ce que se vide son encrier.

L'Auteur

Sylvanus MULOWAYI WA KAYUMBA
Email : dasylvahmolvak@gmail.com
Tél : +243822115265/850791792
Kinshasa/RDC

TABLE DES MATIERES

INTRODUCTION 5
1 9
« Lukasa-lukasa, nkupia mukana » 9
2 21
« Kakaseka-seka bu, kaka ndjunda bunene » 21
3 26
« Kuseki-seki mwineba, kumanyi- manyi tshiyiya. » 26
4 31
« Mfofu wangwila ngulungu mwitu. » 31
5 39
« Nkutwa, kutshilangana minshi. » 39
6 44
« Umanya kwakwela dinu ni kwa kwela dikala. » 44
7 51
« Kwa benda nkulu kwa mutshi. » 51
8 55
« Kalololu katu kalela dikenga. » 55
9 60
« Bakututa Ntunvi Tweba, Katwena Tukwenza Nsudi to. » 60
10 67
« Wamania, lufu ntulu. » 67
11 73
« Sela babidji, ufwa lukasa. » 73
12 78
« Babela-bela mwana wa muntu, wa mufwa, teleja biebe. » 78
CONCLUSION 87
L'AUTEUR 92
TABLE DES MATIERES 95

LES PAROLES DE MAMAN

Par la tempête ou par la brise, tu es toujours ma mère. Et rien ne pourra nous séparer.

Et je crois de tout mon cœur que l'on se verra dans les parvis célestes devant Celui de qui nous sommes venus et vers qui tu nous as précédés après avoir vécu plus de 80 ans sur cette terre des hommes. Sans craie et sans frottoir, le tableau de ton cœur fut plus limpide et éclatant que celui des autres qui nous ont appris ce que nous ne pratiquons pas dans la vie.

Sylvanus MULOWAYI, possède la plume narrative du social, du divin et de l'imaginaire dans un style du microcosme pour un monde où il fera mieux vivre dans l'amour de Dieu et de son prochain car le ciel est notre origine et notre destinée !

A lire et faire lire...

Printed by Books on Demand GmbH, Norderstedt / Germany